Animales de la selva tropical

de **Sharon Gordon**

Asesora de lectura: Nanci R. Vargus, Dra. en Ed.

Marshall Cavendish
Benchmark
Nueva York

Mira a los animales en la .

Mira a la descansar en el agua.

Mira a la 🦋 volar
hacia una 🍃.

Mira al columpiarse en los .

Mira a la sentarse en una .

Mira a los comer fruta.

Mira al colgarse de un .

¡Los animales de la me miran!

Palabras para aprender

columpiarse moverse hacia atrás y hacia adelante

fruta parte de la planta que se puede comer

selva tropical bosque denso donde llueve todo el año

Datos biográficos de la autora

Sharon Gordon es autora, editora y redactora publicitaria. Es egresada de la Universidad Estatal de Montclair en Nueva Jersey y ha escrito más de cien libros para niños, varios para Marshall Cavendish, entre los que se incluyen trabajos de ficción, no ficción e historia cultural. Junto con su familia, disfruta explorar la fauna y la flora de Outer Banks, Carolina del Norte.

Datos biográficos de la asesora de lectura

Nanci R. Nanci R. Vargus, Dra. en Ed., quiere que todos los niños disfruten con la lectura. Ella solía enseñar el primer grado. Ahora trabaja en la Universidad de Indianápolis. Nanci ayuda a los jóvenes para que sean maestros. Cuando estuvo en Australia, exploró la selva tropical desde una canoa y un teleférico.

Marshall Cavendish Benchmark
99 White Plains Road
Tarrytown, NY 10591
www.marshallcavendish.us

Library of Congress Cataloging-in-Publication Data
Gordon, Sharon.
[Rainforest animals. Spanish]
Animales de la selva tropical / por Sharon Gordon.
p. cm. – (Rebus. Animales salvajes)
Includes index.
ISBN 978-0-7614-3428-3 (Spanish edition) – ISBN 978-0-7614-2899-2 (English edition)
1. Rain forest animals–Juvenile literature. I. Title.
QL112.G6718 2008
591.734–dc22
2008018221

Editor: Christine Florie
Publisher: Michelle Bisson
Art Director: Anahid Hamparian
Series Designer: Virginia Pope

Traducción y composición gráfica en español de Victory Productions, Inc.
www.victoryprd.com

Photo research by Connie Gardner

Rebus images, with the exception of anteater, provided courtesy of *Dorling Kindersley*.

Cover photo by BIOS Klein and Hubert/Peter Arnold, Inc.

The photographs in this book are used with permission and through the courtesy of:
Corbis: Theo Allofs, 3 (anteater); Staffan Widstrand, 5; Tom Brakefield, 9; Envision, 11; *Getty Images*: Ed George, 7;
Dembinsky Photo Associates: Anup Shah, 13; Fritz Polking, 17; *Minden Pictures*: Michael and Patricia Fogden, 15, 19;
age footstock: Mark Jones, 21.

Impreso en Malasia
1 3 5 6 4 2